AF305835

# CATALOGUE N° 24

# MONNAIES ITALIENNES

## SPÉCIALEMENT PAPALES

## PRIX : 1 FRANC

## EN VENTE

Chez J. FLORANGE, Expert en médailles

21, QUAI MALAQUAIS, 21

PARIS

1904

La conservation des pièces est indiquée scrupuleusement.

Les prix sont nets.

Les envois aux frais des acheteurs et payables à réception en un bon à vue sur Paris on contre remboursement et, à défaut, par traite avec frais de recouvrement ajoutés au montant de la facture.

Pas de réponses aux demandes d'articles vendus.

———

Envois à vue de monnaies et médailles de tous pays, tant anciennes que modernes, aux clients de la maison qui en feront la demande.

# MONNAIES ITALIENNES

---

## MONNAIES DES PAPES

1 Jean X. Denier au nom de l'empereur Bérenger (3)[1].
              AB. 75 »

2 Charles d'Anjou, sénateur. Giulio (16 et 19 var.).
            TB. à 15 »

3 Sénat anonyme. Gros (26 var.)............ TB. 5 »

4 Jean XXII. Gros au pape assis de face (Poey
 d'Avant, 4143)..................... TB. 30 »

5 Urbain V. Demi-gros (10)............... TB. 1 »

6 Grégoire XI. Demi-gros (7 var. et 11). 2 p.. B. à 1 »

8 Martin V. Giulio d'Avignon (P. d'Avant, 4240). TB. 10 »

9 Eugène IV. Sequin. Écusson et saint Pierre
 debout. Or........................ TB. 60 »

10 — Sequin. Types précédents entourés d'un qua-
 drilobe (2)........................ TB. 50 »

11 — Giulio d'Avignon (5 — Poey d'Avant, 4246). TB. 15 »

12 Nicolas V. Sequin. Types du n° 10 (1). Or.. TB. 30 »

13 Calixte III. Quattrin de Fuligno (17)...... TB. 8 »

14 Pie II. Giulio (7). Pièce trouée.......... TB. 6 »

15 — Autre Giulio varié................. TB. 10 »

16 Paul II. Sequin d'or................. FDC. 55 »

17 — Gros (37). Pièce légèrement trouée..... TB. 4 »

18 Sixte IV. Quattrin (36)................ B. 1 »

19 — Quattrin (39)..................... B. 2 »

---

1. Les n⁰ˢ entre parenthèses se rapportent à Cinagli, *Le Monete de' Papi*, 1848.

Buste à g. ℟. Les armes du légat Octave, cardinal d'Aquaviva (4 var. — P. d'A., 4338 var.).
TB. 900 »

73 — Teston. Saint Pierre dans la barque (73 = avers et 51 = revers)...................... TB. 8 »

74 — Teston, 1600. Porte sainte (56 var. et 60). 2 var.................................. TB. à 5 »

75 — — Saint Pierre assis à g. (72)...... TB. 6 »

76 — Demi-gros, 1600. Porte sainte (130)..... TB. 1 »

77 — — Buste de saint Pierre (136).... B. 0 75

78 — Douzain d'Avignon, 1593 et 1594. Cardinal Savelli, vice-légat (146 et 147)........... B. à 2 50

79 — Douzain d'Avignon, 1594 et 1599. Cardinal d'Aquaviva, légat (148)................. B. à 1 50

80 — Douzain d'Avignon, 1601. Charles, évêque d'Ancône, prolégat (149 var. — P. d'A., 4366 var.).
TB. 5 »

81 — Quattrin, 1600. Porte sainte (154 à 156), 3 var.
TB. à 0 75

82 — Quattrin de Bologne (158)............... B. 0 50

83 — Quattrin de Ferrare, 1599 (163).......... B. 0 50

84 Paul V. Teston, an II. Saint Pierre et saint Paul debout (30).............................. B. 6 »

85 — Teston, an V. Saint Paul debout (40).. TB. 5 »

86 — Teston, 1611. Saint Paul assis; à l'exergue, écusson (54)........................... TB. 5 »

87 — Teston, 1615. Saint Paul assis (68)...... TB. 6 »

88 — Teston, 1613. Buste à g. (85).......... TB. 12 »

89 — Demi-franc d'Avignon. Cardinal Borghèse, légat. Buste du pape à dr. et croix fleurdelisée (P. d'A., 4374 var.). Très rare........... B. 150 »

90 — Gros, 1615. Buste et saint Paul debout (152).
TB. 3 »

91 — Gros, s. d. (159)..................... AB. 1 »

92 — Demi-gros, an XII (189)...... ........ AB. 0 50

93 — Demi-gros (199 et 215). — 2 p....... ... B. à 1 »

94 — Demi-gros de Ferrare (228)............ B. 1 »

122 — Quattrin de Ferrare, 1623 (344)........ B.	1	»
123 Innocent X. Écu, an II. Saint Pierre à genoux
  devant le Christ (24)................... TB.	15	»
124 — Giulio, an X. Saint Paul debout (74)... TB.	3	»
125 — Gros à la porte sainte, 1650 (96)........ TB.	2	»
126 — Gros au buste de saint Paul, an X (109).. TB.	1 50
127 — Demi-gros à la porte sainte, 1650 (129). TB.	1	»
128 — Demi-gros à la Vierge à l'Enfant, an I (136).
  B.	1	»
129 — Demi-baiocco de Gubbio, ans VIII et X (154
  et 156)............................... B. à 0 75
130 — Quattrins de Gubbio, ans III, V, VII et 1650
  (163, 173, 177, 180)................... B. à 0 50
131 — Quattrin à saint Paul debout, an II..... TB.	2	»
132 Alexandre VII. Écu. Saint Thomas de Ville-
  neuve donnant l'aumône à un pauvre estropié
  (50).................................. TB.	15	»
133 — Teston. Main tenant une balance (51). Pièce
  trouée..................... ......... B.	3	»
134 — Variété du type précédent (52)......... TB.	5	»
135 — Giulio. Table couverte de monnaies (74). TB.	3	»
136 — Autre variété; *(au lieu d'un point) à la fin de
  la légende du revers.................... B.	3	»
137 — Gros. Écusson et légende (108 et 109). 2 var.
  B. à 1	»
138 — Demi-gros (130, 131 et 133)............ B. à 0 75
139 — Carlin d'Avignon au buste du cardinal légat.
  Chigi, 1662 (102 var. — P. d'A., 4455 var.).
  TB.	20	»
140 — Carlin semblable au précédent, 1663.... AB.	8	»
141 — Autre carlin, 1666 (P. d'A., 4457). Pièce trouée.
  B.	5	»
142 — Demi-baiocco de Gubbio (140 et 142). 2 var.
  B. à 0 75
143 — Quattrins de Gubbio (148, 150, 150 var., 151
  et 151 var.). 5 var.................... B. à 0 50
144 Clément IX. Écu au trône de saint Pierre (7).
  TB.	10	»

191 — Demi-écu, an VII. Types du n° 189 (59). TB. 6 »

192 — Même pièce variée dans le dessin du cartouche
et de l'écusson........................ TB. 6 »

193 — Autre variété (60).................... TB. 6 »

194 — Teston, 1686. Écusson et inscription dans une
couronne enrubannée (97).............. TB. 4 »

195 — Teston, s. d. Écusson et inscription dans un
cartouche (108)....................... TB. 4 »

196 — Giulio, avec A. III. Écusson et buste (134
AN. III)............................. B. 4 »

197 — Giulio, 1686. Types du n° 195 (148)..... TB. 2 »

198 —    —    1688. Même types (152)....... FDC. 3 50

199 — Gros, 1685 et 1686. Mêmes types (158 et 162).
2 var............................. FDC. à 1 25

200 — Gros, s. d. Écusson et buste de saint Pierre
(173)................................ TB. 1 »

201 — Gros de Bologne à la Vierge à l'Enfant, 1686
(180)................................ TB. 2 »

202 — Demi-gros, 1686, 1688 et s. d. (189, 190, 193,
195 et 209)..................  ......... TB. à 0 75

203 — Demi-gros au buste de saint Paul (199).. TB. 1 »

204 — Mistura de Bologne (211)............. TB. 5 »

205 — Demi-baiocco de Gubbio, an VII (225).. TB. 1 »

206 —    —    de Bologne, 1681 (239).... B. 0 75

207 — Quattrins de Gubbio au saint Pierre debout,
an II (245 et 246)..................... B. à 0 25

208 — Quattrins de Gubbio à la Vierge à l'Enfant, ans
III et V (250 et 252).................. B. à 2 »

209 Siège vacant, 1689. Écu au Saint-Esprit (2). TB. 12 »

210 — Teston au Saint-Esprit (3)............ FDC. 6 »

211 — Giulio    —    (5)............ FDC. 4 »

212 — Gros    —    (7)............. TB. 2 »

213 Alexandre VIII. Écu, 1690. Buste et l'Église
debout (14). Rare..................... TB. 25 »

214 — Teston au saint Brunon, s. d. (20)...... TB. 5 »

215 —    —    —    1690, avec AN : I.
(21 avec A : I). Pièce trouée........... TB. 6 »

216 — Teston, 1690. Deux bœufs attelés à une char-
rue (24).......................... TB.   4   »

217 — Teston, s. d. Saint Magne et saint Brunon
debout (26)....................... · TB.   4   »

218 — Giulio au saint Paul, 1690 (32). Pièce trouée.
B.   1 50

219 — Gros, 1689 et 1690 (36 et 41)......... TB. à 2   »

220 — Demi-gros au buste de saint Pierre, 1689
(45). Pièce trouée................... B.   0 75

221 — Demi-baiocco de Bologne, 1690 (51 de 1689).
TB.   2   »

222 — Quattrin de Gubbio (54)............... B.   0 50

223 Siège vacant, 1691. Teston au Saint-Esprit (4).
FDC.   6   »

224 — Gros au Saint-Esprit (9)............... TB.   2   »

225 — Demi-gros au Saint-Esprit (10)...... FDC.   2   »

226 Innocent XII. Écu, 1693. Buste et la Charité
(20)............................... TB.   12   »

227 — Écu, an VI. Buste et Consistoire. Coins de
saint Urbain (23)..................... TB.   15   »

228 — Écu, 1696. Buste et Consistoire (24). Vermeil,
à bélière......................... .... TB.   15   »

229 — Écu, 1679. Buste et le peuple hébreu dans le
désert recueillant la manne (28)......... TB. · 15   »

230 — Écu, 1700. Buste et porte sainte. Coins de
saint Urbain (31)................... FDC.   20   »

231 — Demi-écu, 1692. Écu et pélican à dr. (35).
TB.   6   »

232 —      —      1693.      —      à g. (39 var.).
TB.   8   »

233 —      —      1697. Écu et le pape à genoux
(45 var.)....,..................... · TB.   8   »

234 — Demi-écu, an VII. Buste et l'arche de Noé.
Coins de saint Urbain (48)............ TB.   8   »

235 — Demi-écu, 1699. Buste et saint Jean-Baptiste
prêchant dans le désert. Coins de saint Urbain
(50)........................... TB.   10   »

297 —        —        de Bologne, 1713, 1715 et 1716
   (401, 403 var. et 404).................... B. à 0 30
298 — Quattrin au buste de saint Pierre, an XVII
   (421)..................................... B    0 30
299 — Quattrin au buste de saint Paul, ans XVII et
   XX (440 var. et 443)..................... B. à 0 30
300 — Quattrin au saint Ubaldus, ans III et XIV
   (449 et 462)............................. TB. à 0 75
301 — Quattrin de Bologne, 1716 (470 var.).... B.    0 50
302 Siège vacant, 1721. Teston (5). Pièce trouée.
                                        TB.    8  »
303 Innocent XIII. Demi-écu, an I. Deux moisson-
   neurs d'épis (10).................... FDC.   12  »
304 — Giulio, 1721. Écusson et inscription sur un
   cartouche (26)...................... FDC.    6  »
305 — Gros, an I. Types précédents (31)...... TB.    2  »
306 — Demi-gros, 1721 et an II (39 et 40). 2 var.. B. à 1  »
307 — Demi-baiocco, 1721 (60).............. TB.    0 50
308 — Quattrins aux bustes de saint Pierre, saint
   Paul et de saint Ubalde (75, 77 et 83). 3 var.. B. à 0 50
309 Benoît XIII. Giulio, 1724. Inscription (11).
                                        FDC.   10  »
310 — Giulio, 1725. Porte sainte (13)........ TB.    3  »
311 — Gros, 1724, an IV et 1729. Inscription (17,
   23 et 25............................ TB. à 1  »
312 — Gros, 1725. Porte sainte (18).......... TB.    1  »
313 — Demi-gros, 1725 et an V (28 et 34)...... B. à 1  »
314 — Baiocco de Gubbio 1726 à 1729 (47, 53, 54 et
   61 var.)........................... B. à 1  »
315 — Demi-baiocco de Gubbio (1725). Porte sainte
   (71)................................. B.    1  »
316 — Demi-baiocco de Bologne, 1725 et 1726 (74 et
   75)................................... B. à 0 50
317 — Quattrins variés (82, 83 et 96).......... B. à 0 50
318 Clément XII. Demi-écu, ans IV et V. Écusson et
   inscription (29 et 30)................ TB. à 7  »
319 — Demi-écus, 1736. Buste et vue de San Giovanni
   de Fiorentini (31).................... TB.   10  »

345 — Due giulii, 1753 et 1755 (67, 70 et 72). 3 var.

         B. à 1 50

346 — Gros variés (106, 132, 149, 162, 207, 215,
216, 219, 224, 225, 233, 234 et 235). — 13 p.

         TB. à 1 »

347 — Demi-gros variés (253, 255, 263 et 265). — 4 p.

         TB. à 0 75

348 — Carlins, 1747 et 1749 (278 et 281)....... B. à 0 50

349 — 4 baiocchi, 1747 et 1748 (286 et 287).. TB. à 0 75

350 — 2 — 1746 et 1748 (296 et 300)...... B. à 0 50

351 — 2 — de Bologne, 1744 (305)....... TB. 1 »

352 — Baiocco, 1741, 1756 et s. d. (316, 326, 331,
332 et 335)......................... TB. à 1 »

353 — Baiocco de Rome, 1743. Inconnu à Cinagli.

         B. 3 »

354 — — de Gubbio, 1741, 42, 47, 48, 1750 et
53 (341 var., 346, 347, 358, 361, 367 et 376).

         TB. à 0 50

355 — Baiocco de Ferrare, 1746, 49, 1751 et s. d.
(399 var., 407, 417, 422, etc.)............ B. à 1 »

356 — Demi-baiocco, 1742, 50, 53 et s. d. (441, 444,
446, 449, etc.)....................... B. à 0 50

357 — Demi-baiocco de Bologne, 1755, et de Gubbio,
1747 (459 et 470)..................... B. à 0 50

358 — Demi-baiocco de Ferrare. 1744 à 48 et s. d. (488,
494, 497, 506, 509, etc.)................ B. à 0 75

359 — Demi-baiocco de Ravenne, s. d. et 1750
(579 et 584).......................... B. à 0 75

360 — Quattrins, 1750, 51, 52, 54 et 55 (590, 591,
593, 595, 597)....................... TB. à 0 30

361 — Quattrins de Bologne, 1742 et 52........ B. à 0 25

362 — — de Gubbio (619, 620, 623, 627 var.,
630, 635, 635 var., 639, 647, 648)....... B. à 0 30

363 -- Quattrins de Ferrare, s. d., 1745, 46 et 48.

         B. à 0 30

364 -- Quattrins de Ravenne (683, 685, 692, 694 et
704)........ ..................... TB. à 1 »

365 Siège vacant, 1758. Écu (2)... TB. 8 » — FDC. 12 »
366 — Due giulii (4) ........................ TB. 4 »
367 — Gros (5). Pièce trouée................. TB. 1 »
368 Clément XIII. Écu, 1759. Écusson et l'Église
  assise dans les nues (19)................ TB. 10 »
369 — Teston, 1761. Écusson et saint Pierre et saint
  Paul (23).............. TB. 3 » — FDC. 5 »
370 — Teston, 1767. Types précédents (26).... TB. 4 »
371 — Due giulii, 1758. Inscription sur un cartouche et l'Église assise de face (27)..... TB. 3 50
372 — Due giulii, 1760. Buste à g. et l'Église assise
  à dr. (32)....................... ... TB. 3 »
373 — Due giulii, 1766. Buste à g. et l'Église de face
  (37)............................. B. 3 »
374 — Due giulii, 1767. Écusson et l'Église de face
  (39)............................. FDC. 5 »
375 — Giulio, 1760. Écusson et l'Église à dr. (41).
                 TB. 2 »
376 — — 1763. — et inscription dans une
  couronne (46)..................... TB. 2 50
377 — Gros, 1758 et 64 et demi-gros, 1761 (68, 74
  et 84). — 3 p............ ............ TB. à 1 50
378 — Baiocco, 1758 et demi-baiocco, 1758 et 1759.
                B. à 0 50
379 — — et demi-baiocco de Gubbio, 1759
  (93, 95, 95 var. et 103)................. B. à 1 »
380 — Quattrins, 1758 et s. d. (105, 111 et 114 var.).
  — 3 p..................... TB. à 0 30
381 Siège vacant, 1769. Due giulii (4).......... TB. 1 50
382 — Giulio (5). Pièce trouée.............. TB. 1 50
383 Clément XIV. Sequin d'or, 1772 (5)..... FDC. 28 »
384 — Demi-écu, 1773 (14, écu)............. TB. 6 »
385 — Teston, 1770. Saint Pierre et saint Paul (19).
                FDC. 4 »
386 — — 1773. Mêmes types (20)........ B. 2 50
387 — Due giulii, 1772 (26)............. TB. 2 »
388 — Gros, 1769 (30)............. TB. 1 »

2

389 Siège vacant, 1774. Demi-écu (4). Pièce trouée.
TB.  3 50

390 — Giulio (6). Pièce trouée................. B.  1  »

391 Pie VI. Due doppie de Bologne, 1787 (14). Or.
TB.  50  »

392 — Écu de Rome, 1780 (122)............. TB.  7  »

393 — Écu de Bologne, 1777 (127)........... TB.  12  »

394 —         —         1780 (131)............. B.  10  »

395 —         —         1782. Buste et temple (135).
TB.  12  »

396 — **Gouvernement autonome de Bologne**. Écu à la
Vierge, 1796 (144).................... TB.  12  »

397 — — Autre variété de 1797 (140)........ TB.  12  »

398 — Demi-écu de Rome, 1777. Buste et l'Église
(152)................................. TB.  6  »

399 — Demi-écu de Rome, 1777. Écusson écartelé et
l'Église (151)......................... B.  4 50

400 —         —         —         1779. Écusson et l'Église
(156)................................. B.  4 50

401 — Demi-écu de Bologne, 1778 (164)...... TB.  6  »

402 — **Gouvernement autonome de Bologne**. Demi-
écu, 1797. Types du n° 397 (174)....... TB.  6  »

403 — Teston, 1785. Saint Pierre et saint André (175).
TB.  4  »

404 — Teston, 1790. Types précédents (180).. FDC.  4  »

405 —     —     1796.         —         (183)... TB.  3  »

406 — Due giulii, 1777. Types du n° 398 (195). FDC.  3  »

407 — Même pièce de 1782 (213)............ FDC.  3  »

408 — Due giulii, 1775. Types du n° 399 (193). B.  2  »

409 —     —     de Bologne, 1778 (236 et 238). 2 var.
TB. à 2  »

410 — Giulio, 1775 (245)...., .............. TB.  3  »

411 —     —     de Bologne, 1781 et 85 (246, 247 et
249). 3 var..................... TB. à 1 50

412 — Gros, 1775, 77, 83 et an XII (253, 256, 263 et
267)......................... B. à 0 50

413 — Gros de Bologne, 1778 (272 et 272 var.). 2 var.
TB. à 1

414 — Pièces de 60 baiocchi de Rome, 1796 (282, 284, etc.)..... .......... TB. à 4 »

415 — Pièces de 25 baiocchi, 1795 et 96 (295, 298 et 300)....................... TB. à 2 »

416 — Deux carlins, s. d., 1794 et 1795 (309, 317 et 318)...................... TB. à 1 50

417 — Pièce de 8 baiocchi de Rome, 1793 (328). TB. à 1 50

418 — Pièces de 8 et de 6 baiocchi de Terni, 1797 (332 et 342)................. TB. à 1 50

419 — Carlin, 1780 (336)................. TB. 0 75

420 — Pièces de 4 baiocchi, 1793 et 1798 (345 et 347). — 2 p................... TB. à 0 50

421 — Pièces de 4 baiocchi de Bologne, 1778 et 1796 (350 var., 351, 352 et 360). 4 var........ TB. à 1 »

422 — Pièces de 2 baiocchi, 1777 et 1778 (361 et 362). — 2 p................... B. à 0 50

423 — Pièces de 2 baiocchi de Bologne, 1790 (371). TB. 2 »

424 — Baiocco, 1780 et 1782 (373, 374 et 376). — 3 p. TB. à 0 50

425 — Madonnina de 5 baiocchi de Bologne, 1797. Plusieurs variétés................... TB. à 1 »

426 — Même pièce de Civita-Verchia, 1797. 2 var. TB. à 1 »

427 — — de Montalto, 1797 (409)...... B. 5 »

428 — — de Pérouse, 1797 et 1798 (413, 414, 420). 3 var................... TB. à 1 »

429 — Même pièce de Tivoli, 1797 (428)...... TB. 3 »

430 — — de Viterbe, 1797 (430)..... TB. 1 »

431 — Sampietrino de 2 1/2 baiocchi de Rome, 1795, 1796 et 1797 (432, 434, 435, 437 et 439)... TB. à 1 »

432 — Même pièce d'Ancône, 1797 (441)...... TB. 2 »

433 — — d'Ascoli, 1797 (444)........ TB. 5 »

434 — — de Civita-Vecchia et de Gubbio, 1796................................ TB. à 1 50

435 — Même pièce de Pérouse, de San-Severino et de Viterbe, 1796. — 3 p............... TB. à 0 75

436 — Deux baiocchi de Rome, ans XIII, XVI,
XVIII à XXI et XXIII.................... TB. à 0 50
437 — Même pièce de Bologne et de Pérouse, 1795,
et de Gubbio, an XV..................... B. à 2  »
438 — Baiocco de Rome, ans XI, XIX et XXIII... B. à 0 50
439 —    —    de Bologne, 1780 et 1781, et de
Gubbio, ans XVII et XVIII (562, 566, 579 et
581)................................... TB. à 2  »
440 — Demi-baiocco de Rome, ans IX, XVI et XXIII
TB. à 0 30
441 —    —    de Bologne, 1784, Fermo, 1797,
Gubbio, an XVI et San-Severino, 1797 et
an XXIII (605, 609, 619, 629, 630 et 631)... TB. à 1  »
342 — Quattrins de Rome, ans IX, X et XII; de
Bologne, 1778, 1779, 1784 et 1786....... TB. à 0 50
343 République. Écu d'argent (1)............. TB.  12  »
444 — Deux baiocchi de Rome (32, etc.)........ TB. à 1 50
445 —    —    d'Ancône (38)........... TB.   3  »
446 —    —    d'Ascoli (43 var.)......... B.   3  »
447 —    —    · de Fermo, s. d. et 1798 (63, 64
et 66)................................ B. à 3  »
448 — Baiocco de Fermo, 1798 (87 et 93)...... TB. à 2  »
449 — Demi-baiocco de Fermo, 1798 (101).... TB.   2 50
450 —    —    de Gubbio (105)......... TB.   6  »
451 —    —    de Macerata (107)......... B.   5  »
452 Pie VII. Doppia d'oro (1803)............. TB.  30  »
452 *bis.* — Écu, 1818..................... TB.   8  »
453 — Due giulii, 1816..................... TB.   3  »
454 — Giulio, 1817...................... TB.   2  »
455 — Gros de Rome, 1815, et de Bologne, 1816 et
1817 (41, 42, 44)................... TB. à 0 75
456 — Baiocco, demi-baiocco et quattrins variés.
TB. à 0 25
457 Siège vacant, 1823. Écu de Rome (3)...... TB.  10  »
458 — Écu de Bologne (4).................. TB.  10  »
458 Léon XII. Demi-baiocco, 1824.......... TB.   0 75
460 Siège vacant, 1829. Écu de Bologne (4).. FDC.  12 50
461 — Demi-écu de Rome (5).............. FDC.   6  »

462 Pie VIII. Écu, 1830 (1)................ FDC. 15 »
463 — Baiocco, 1/2 baiocco et quattrin, 1829... TB. 5 »
464 Siège vacant, 1830. Écu (2).............. TB. 10 »
465 Grégoire XVI. Pièce de 10 scudi, 1835 (1). Or.
              FDC. 65 »
466 — Écu, 1834. La Circoncision (65)...... FDC. 8 »
467 — Écu, 1845 (81)...................... TB. 8 »
468 — Baiocco, 1835 et 1844; demi-baiocco, 1831, et
  quattrins 1839 et 1841................. TB. à 0 25
469 Siège vacant, 1846. Écu (2)............ FDC. 10 »
470 Pie IX. Écu de Rome, 1848............. TB. 10 »
471 — 20 baiocchi de Gaëte, 1848. Étain..... FDC. 3 50
472 — 10     —     — Cuiv. argenté. FDC. 2 »
473 — 40, 20, 10 et 5 baiocchi du siège de Rome,
  1849. — 4 p. carrées apocryphes (Brichaut).
              FDC. 12 »
474 République. Baiocco d'Ancône, 1849. Pièce cou-
  lée. Cuiv...................... TB. 1 »
475 — 40, 16, 8 et 4 baiocchi, 1849. — 4 p... FDC. 6 »
476 — 3 baiocchi et demi-baiocco, 1849. — 2 p.. TB. à 0 25
477 Pie IX. Écu, 1853, Rome. Or.......... FDC. 10 »
478 — 20 baiocchi, 1849, 50 et 65........... FDC. à 1 50
479 — 10   —    1862 et 5 baiocchi, 1849.... TB. à 1 »
480 — Pièce de 5 lire, 1870................ FDC. 10 »
481 — Pièce de 2 lire, 1869................ FDC. 2 50
482 — Lire, 1866. Petit buste.............. TB. 1 50
483 —   —   Grand buste............. FDC. 1 50
484 — Pièce de 10 soldi. 1868............. FDC. 1 »
485 — 4 soldi, 1866, 1869; 2 soldi, 1866; soldo, 1866;
  demi-soldo et centesimo, 1867. Ensemble. TB. 1 50
486 Ancône. Gros au saint Quiriace.......... TB. 1 50
487 — Denier d'argent au cavalier..... ..... TB. 2 »
488 — Seizain............................. TB. 0 50
489 Aquila. René d'Anjou. Quattrin.......... B. 2 50
490 — Charles VIII, roi de France. Cavallo. Plusieurs variétés........................ TB. à 4 »
491 — Louis XII, roi de France. Sestino...... TB. 4 »

492 Aquilée (Patriarcat). Grégoire de Montelongo.
Denier...................... ....... TB.  2 50
493 — Raymond de la Torre. Denier........ TB.  3  »
494 — Pierre Gerra. Denier............... TB.  2 50
495 — Marq. de Randeck. Denier........... TB.  4  »
496 — Nicolas de Luxembourg. Denier....... TB.  8  »
497 — Ant. II de Portogruario. Denier........ B.  1 50
498 — Louis de Teck. Denier............... TB.  2  »
499 Arezzo. Quattrin...................... B.  1 50
500 Asti. Charles, duc d'Orléans. Denier....... B.  16  »
501 — Louis XII, roi de France. Parpaillole. Pièce
trouée...................... TB.  25  »
502 Bergame. Frédéric Barberousse. Denier... TB.  2  »
503 Bologne. Bolognino au nom de l'emp. Henri. B.  1  »
504 — Gros. Saint Pétron et lion............ TB.  1 50
505 — Gros. Saint Pétron et écusson........ TB.  2  »
506 — Quattrins, 1699 et 1726................ B. à 0 50
507 — Napoléon I. Lira, 1808 et 1811........ TB. à 2  »
508 —       —    5 lire, 1812................. TB.  12  »
509 —       —    2 lire, 1812................. B.  3  »
510 —       —    2 lire, 1813............. FDC.  3  »
511 —       —    10 soldi, 1813............... B.  2  »
512 Bozzolo. Scipion Gonzague. Quattrin, 1667. Imitation de Bologne.................... TB.  3  »
513 Carmagnole. Louis II de Saluces. Gros au saint
Constance à cheval..................... B.  5  »
514 Casale. Guillaume I. Teston. 2 variétés.... TB. à 18  »
515 —           —      Teston précédent en cuivre.
B.  15  »
516 — Boniface II. Cornabo au saint Théodore à
cheval................................ B.  5  »
517 — Marguerite et Guillaume. Blanc, 1566... B.  3  »
518 — Ferdinand I. 6 soldi à la Vierge......... B.  1 50
519 —       —      Monnaie au cerf, 1626...... B.  3  »
520 Charles II. Monnaie au cerf............... B.  3  »
521 — Occupation française. Pièce de 20 florins frappée par le M<sup>al</sup> Toiras................... TB.  30  »

522 Castiglione. Ferdinand I. Sol............... B.     1     »
523 Chio. Campi, podestat. Monnaie de cuivre. AB.     3     »
524 Corse. Théodore I. 2 sols et demi, 1736... TB.    15     »
525 — Paoli. 10 soldi, 1762................. TB.      12     »
526 —     — 4 et 2 soldi variés............. TB. à   1     »
527 Déciane. Ant.-Marie Tizzo. 8ᵉ d'écu, s. d.. AB.   20     »
528 — Delfino Tizzo. Liard au dauphin. Imitation de
     France.......................... ...... B.      2     »
530 — Delfino Tizzo. Liard à l'L. Imitation des
     Dombes..... ....................... B.          2     »
531 — Delfino Tizzo. Liard. Imitation du Béarn. TB.   5     »
532 Fermo. Fr. Sforza, duc de Milan. Bolognino.
                                            TB.      2     »
533 Ferrare. Alfonse I d'Este. Écu d'or........ B.    25     »
534 Florence. Florin d'or. Plusieurs variétés... TB. à 15   »
535 — François de Médicis. Écu, 1584. ....... B.      15     »
536 —         —         Teston, 1575..... TB.         8     »
537 —         —         Giulio, 1585....... B.        1 50
538 — Ferdinand I de Médicis. Écu, 1601...... B.      16     »
539 — Cosmme II. Quattrin................. TB.        1     »
540 — Cosme III. Écu, 1677................ TB.        12     »
541 —         —     Écu, 1680................ TB.     10     »
542 —         —     Écu, 1712, pour Livorno.. FDC.    10     »
543 —         —     3 quattrins, 1681........... B.    0 75
544 —         —     Demi-paolo, 1714 et 1721 pour
     Pise.............................. TB. à         1     »
545 — François de Lorraine. Écu, 1748 pour Pise.
                                            FDC.     10     »
546 — Pierre-Léopold de Lorraine. Écu, 1768 pour
     Pise.............................. B.            8     »
547 — Pierre-Léopold de Lorraine. Paolo, 1780. B.     1     »
548 — Le même. Quattrins, 1778, 79, 84 et 88... B. à  0 30
549 — Ferdinand III de Lorraine. Écu, 1791 pour
     Pise.................... ............ FDC        10     »
550 — Ferdinand III de Lorraine. 10 quattrini, 1801.
                                            TB.       2 50
551 — Charles-Louis et Marie-Aloÿse. Double écu,
     1807............................... FDC         18     »

552 — Charles-Louis et Marie-Aloÿse. Écu, 1803.
FDC 12 »
553 — Charles-Louis et Marie-Aloÿse. Demi-sol, s. d.
TB. 1 »
554 — Léopold II. Florin d'argent, 1826 et 1856.
TB. à 1 50
555 — Léopold II. 5 quattrins 1830, 3 quattrins,
1843 et quattrin 1829.............. TB. à 0 50
556 Gênes. Denier...................... TB. 0 50
557 — Charles VI de France. Patacchina..... TB. 6 »
558 — Le même. Pièce de 6 deniers........ AB. 1 50
559 — Charles VII de France. Petit denier.. .. B. 5 »
560 — Louis XII. Demi-teston (Hoffm. 116 var.).
TB. 80 »
561 —       —       Quart de teston.......... TB. 50 »
562 — François I. Demi-teston.............. AB. 6 »
563 —       —       Quart de teston........... TB. 12 »
564 — Demi-écu, 1570...................... TB. 8 »
565 — Écu de 8 réaux de la Banque Saint-Georges,
1666. Pièce dorée et munie d'une bélière.. B. 70 »
566 — Quadruple écu à la Vierge à l'Enfant, 1694.
TB. 25 »
567 — Écu d'or, 1732.................... .. TB. 16 »
568 — Écu à 8 lire, 1795................. FDC. 12 »
569 — République ligurienne. 8 lire, 1798 et 1804.
TB. à 15 »
570 —       —       4 lire, 1798 et 1799.
TB. à 12 »
571 —       —       2 lire, 1798. TB. 12.
FDC. 15 »
572 —       —       Lire, 1798..... TB. 12 »
573 Guastalla. Ferdinand Gonzague. Seizain. Buste
et sainte Catherine.................. B. 2 »
574 — Ferdinand III. Seizain à sainte Catherine. B. 1 »
575 Lucques. Denier au nom d'Otton......... B. 2 »
576 — Écu d'or, s. d., au nom de l'emp. Charles-
Quint.......................... TB. 25 »

577 — Même pièce de 1552. Or............ FDC. 35 »
578 — Sol, 1686 et bolognino, 1790......... TB. à 1 »
579 Macerata. Denier anonyme............. TB. 1 »
580 Malte. Ant. de Paola. Grano............ B. 1 »
581 — J.-P. Lascaris. 4 tari, 1642.......... TB. 15 »
582 —       —       1 tari, 1639......... B. 2 »
583 — A.-M. de Vilhena. Grano, 1726........ B. 0 75
584 — Emm. Pinto. Écu à 30 tari, 1757..... TB. 15 »
585 —       —       Autre écu, 1768......... TB. 15 »
586 —       —       4 tari, 1757. Pièce trouée.. B. 2 »
587 —       —       2 tari, 1741........... TB. 1 50
588 —       —       Grano 1752............. B. 1 »
589 —       —       Cuivre, 1747, 55 et 57..... B. à 0 50
590 — Fr. Ximenes. 2 tari, 1774............. B. à 1 50
591 — Emm. de Rohan. Tari, 1786. 2 var. Cuiv.
       rouge et jaune..................... TB. à 1 »
592 — Emm. de Rohan. Cinquina, 1790....... B. 0 30
593 —       —       Piccioli et grano, 1776.
                                        B. à 0 50
594 Mantoue. Louis de Gonzague. Denier au buste.
                                        B. 10 »
595 — Guillaume de Gonzague. Écu d'or..... TB. 30 »
596 — Ferdinand. Écu, 1614 au buste en cardinal
       (Cat. Rossi 2096). Bronze doré........ TB. 20 »
597 — Ferdinand. Quadruple écu d'or. s. d.... TB. 120 »
598 — Charles I. Soldo du siège de Mantoue (1629).
                                        TB. 5 »
599 — Ferd.-Charles. Gros au cheval galopant.. B. 3 »
600 —       —       Écu, 1703. Buste et trophée
       d'armes ......................... TB. 15 »
601 — Charles VI, empereur. 20 soldi, 1732.... B. 3 »
602 —       —       Soldone, 1732... TB. 2 »
603 — François II. Demi-soldo, 1793.......... B. 1 »
604 — Occupation française. 5 sous et un sou... B. à 2 »
605 Massa di Lunigiana. Albéric II Cibo Malaspina.
       Da bolognini 8, 1665................. TB. 10 »
606 — Marie-Béatrix, archiduchesse d'Autriche.
       10 soldi. 1792..................... B. 1 »

607 Messerano. Louis Fieschi. Teston, s. d.... TB. 15 »
608 — Pierre-Luc Fieschi. Teston, s. d........ B. 10 »
609 Milan. Denier au nom de l'emp. Otton..... TB. 2 50
610 — Denier au nom de l'emp. Henri........ TB. 1 50
611 — Denier au nom de l'emp. Frédéric..... TB. 1 50
612 — Gros anonyme..................... TB. 3 »
613 — Bernabo et Galéaz II Visconti. Gros.... TB. 2 »
614 — Galéaz II Visconti. Gros.............. B. 3 50
615 — Philippe-Marie Visconti. Denier........ B. 1 50
616 — François I Sforza. Ducat d'or. Buste et cavalier............................ AB. 25 »
617 — Galiaz-Marie Sforza. Teston, s. d.-B. 8 » TB. 12 »
618 — — Gros............. TB. 5 »
619 — Jean Galéaz I. Gros.................. B. 8 »
620 — — Demi-gros............. B. 5 »
621 — — Denier................. B. 3 »
622 — Jean Galéaz et Louis-lès-Sforza. Gros... B. 3 »
623 — Louis XII de France. Ducaton au saint
Ambroise assis..................... TB. 70 »
624 — Louis XII. Gros aux mêmes types...... TB. 20 »
625 — Louis XII. Bisonne à la guivre......... TB. 6 »
626 — Louis XII. Demi-parpaillole à l'écusson. 5 var.
B. à 5 »
627 — Louis XII. Patard et demi patard....... B. à 3 »
628 — François I de France. Demi-gros à la sala-
mandre. Pièce fourrée............... B. 5 »
629 — François I. Trillina à l'F. couronné..... TB. 4 »
630 — François II Sforza. Gros.............. B. 3 »
631 — Philippe II. Doppia d'oro, 1588....... TB. 30 »
632 — — Écu, 1588........... TB. 15 »
633 — Charles II. Quattrin................. B. 0 50
634 — Charles VI. Demi-lira. 1736.......... TB. 6 »
635 — — Quattrin.............. TB. 0 50
636 — Marie-Thérèse. Sol, 1/2 sol et quattrin... TB. à 0 30
Napoléon I. Voir notre catalogue n° 23.
637 Mirandole. Louis II. Écu d'or............ TB. 30 »
638 — — Paolo............. TB. 8 »

639 Modène. Gros au nom de l'emp. Frédéric.. B. 1 »
640 — Alfonse II d'Este. Quattrin............. B. 3 »
641 — César. Giorgino...................... B. 3 »
642 — François I. Demi-lira et giorgino....... B. à 2 »
643 — Seizain ............................ B. 0 50
644 — Alfonse IV. Demi-lira, 1661.......... TB. 3 50
645 —         —       Giorgino.................. B. 1 »
646 —         —       Même pièce contremarquée. B. 2 »
647 —         —       Seizain.................... B. 1 »
648 — Louis XIV. 103 soldi, s. d. Or........ TB. 15 »
649 —         —       15, 10 et 5 soldi, 1704..... B. à 10 »
650 — François II. Seizain.................. B. 0 50
651 — François III. Giorgino, 1750........... TB. 1 »
652 — Hercule. Grand écu, 1795............. TB. 12 »
653 —         —       Petit écu d'argent, 1783........ B. 8 »
654 Monaco. Honoré II, pair de France. Écus, 1652
    et 1653...................... TB. à 16 »
655 — Le même. Demi-écu, 1653............. B. 25 »
656 —       —       5 sols, 1647. Pièce trouée et usée. 2 »
657 —       —       Douzain, 1648............. Usé. 3 »
658 —       —       Quattrin, 1640 (sans le titre de
    pair)................................ TB. 5 »
659 — Louis I. Écu, 1674..................... B. 40 »
660 —       —       12e d'écu, 1662.............. TB. 15 »
661 —       —       Autre variété, 1662. Pièce trouée. B. 6 »
662 —       —       12e d'écu, 1664.............. FDC. 15 »
663 —       —       Douzains, 1693 et 1701........ B. à 5 »
664 —       —       Quattrin, 1683............. AB. 2 »
665 — Antoine I. 20e d'écu, 1720............ TB. 5 »
666 —       —       8 deniers, 1720............. B. 1 »
667 —       —       4 deniers, 1720............. B. 3 »
668 — Honoré III. Douzains, 1734 et 1735.... TB. à 2 »
669 —       —       5 sols, 1735.............. B. 3 »
670 Musocco. Jean-Jacques Trivulce. Gros au saint
    Georges................... .......... TB. 8 »
671 — Jean-Jacques Trivulce. Soldino......... B. 5 »
672 —         —                 Trillina........ AB. 1 »

673 Parme. Alexandre Farnèse. Parpaillole..... B. 2 »
674 — Ranuce II Farnèse. Seizain............ TB 0 30
675 — François Farnèse. Gros................. B. 2 »
676 — Antoine Farnèse. Seizain............. TB. 1 »
677 — Ferdinand I de Bourbon. 20 soldi, 1793. TB. 0 75
678 —            —            10 soldi, 1790. FDC. 1 »
679 —            —            Seizains, 1786 et
    1793......................... TB. à 0 30
680 Passerano. Douzain à l'écu accosté de 2 H (imi-
    tation française)..................... B. 4 »
681 — Douzain (imitation du douzain du Dauphiné).
    B. 6 »
682 Pavie. Hugues et Lothaire d'Italie. Denier
    (Gariel, LXV, 3)..................... TB. 10 »
683 — Denier au nom de l'emp. Otton........ B. 2 »
684 —            —            Frédéric II... TB. 6 »
685 — Obole        —            — B. 3 »
686 — Galeaz II Visconti. Gros au saint Sirus assis.
    TB. 3 »
687 Pesaro. J. Sforza. Gros................. TB. 3 »
688 —            — Quattrin............... B. 0 50
689 Pise. Gros à la Vierge................. TB. 2 »
690. — Charles VIII, roi de France. Gros à la Vierge.
    Pièce trouée........................ TB. 50 »
691 — Le même. Denier................... TB. 6 »
692 Plaisance. Obole au nom de Conrad II...... B. 1 »
693 — Alexandre Farnèse. Quadruple écu d'or, 1590.
    TB. 150 »
694 Raguse. Denier, 1629.................... TB. 3 »
695 — Écu, 1763.... .................... TB. 10 »
696 — Sol, 1785..................... ...... B. 0 50
697 — Écu, 1794......................... TB. 12 »
698 Ravenne (archevêché). Denier anonyme... TB. 1 »
699 Reggio. Hercule I d'Este. Écu d'or, 1555.. TB. 20 »
700 — Alfonse II d'Este. Demi-gros. 1567..... TB. 5 »
701 Rimini. Denier........... ............. TB. 1 »
702 Saluces. Louis II. Gros au saint Constance à
    cheval.......................... B. 5 »

703 Sardaigne. Charles II. Demi-réal, 1699.... TB. 3 »
704 —            — 3 cagliaresi, 1695... TB. 2 »
705 — Charles VI. Cagliarese, 1712........... B. 1 50
706 — Charles-Emmanuel. 3 cagliaresi, 1732.. TB. 1 »
707 — Victor-Amédée III. Réal, 1793... ..... TB. 5 »
708 —            — Réal, 1795......... B. 4 »
709 Savoie. Amédée VIII, comte. Obole frappée à
    Nyon................................ TB. 3 »
710 — Amédée VIII, duc. Quart de gros au lacs.
    Nyon................................ B. 3 »
711 — Amédée VIII, duc. Quart de gros. Plusieurs
    variétés............................. B. à 2 »
712 — Louis. Double blanc, Cornavin........ . B. 8 »
713 —    — Quart de gros, Cornavin........ B. 1 50
714 — Amédée IX. Parpaillole, Nyon......... B. 3 »
715 — Philippe I. Parpaillole...... ......... B. 5 »
716 — Charles I. Denier fort.............. . B. 3 »
717 — Emmanuel-Philibert. Teston, 1560, Verceil.
    B. 16 »
718 — Emmanuel-Philibert. Tiers d'écu, 1562.
    Pignerol............................. TB. 20 »
719 — Emmanuel-Philibert. 4 sols, 1558 et 1570
    (Aoste)............................. B. à 3 »
720 — Emmanuel-Philibert. 4 sols, 1576. Turin.
    TB. 5 »
721 — Emmanuel-Philibert. Gros, 1555, Aoste, et
    1561, Pignerol..................... TB. à 3 »
722 — Emmanuel-Philibert. Sol, 1566, Chambéry.
    B. 1 50
722 bis    — Quart de sol...... B. 0 50
723 — Charles-Emmanuel I. Teston, 162..... AB. 2 »
724 —       — Gros, 1629....... B. 3 »
725 —       — Cuivre (Promis 23 et
    66)................................ B. à 1 »
726 — Ch.-Emmanuel II et Marie-Christine. 10 sols,
    1642............................... B. 2 »
727 — Ch.-Emmanuel II et Marie-Christine. 5 sols,
    1648............................... TB. 3 »

728 — Charles-Emmanuel II. 5 sols (1667).... TB.   3  »
729 —        —           Quattrin, 1664.... B.   0 50
730 — Victor-Amédée II et Marie-Jeanne-Baptiste. 20 sols, 1678...... ............... TB.   3 50
731 — Victor-Amédée II et Marie-Jeanne-Baptiste. 10 sols, 1679........................... B.   1 50
732 — Charles-Emmanuel III. Sequin à l'Annoncia- tion, 1744........................... FDC.   28  »
733 —        —         Petit écu, 1756.... FDC.   12  »
734 —        —         Demi-écu, 1765..... TB.   6  »
735 —        —        20 sols, 1744 et 1757... B. à 1  »
736 — Victor-Amédée III. Demi-écu, 1792.. FDC.   8  »
737 —               20 sols, 1796 ..... TB.   1  »
738 —        —      10 sols, 1795 et 96... B. à 0 50
739 —        —      Sols, 1783, 84 et 94. TB. à 0 30
740 — Victor-Amédée III. Demi-sol, 1781 et quat- trin, 1780 et 96..................... TB. à 0 25
741 — Victor-Emmanuel I. 5 lire, 1816..... FDC.   8  »
742 Savoie, Philippe d'Achaïe. Denier........ TB.   4  »
743 Savone. Charles VI de France. Petit denier. B.   6  »
744 Sicile et Naples. Roger II, Demi-follard.... B.   2  »
745 —             —. Tarin. Or pâle.. TB.   8  »
746 — Guillaume II. Follar................. TB.   3  »
747 — Frédéric II. Tarin. Or.............. FDC.   40  »
748 — Denier au nom de l'emp. Frédéric..... TB.   1  »
749 — Denier au nom de Conrad............ TB.   1  »
750 — Charles II d'Anjou. Denier au buste..... B.   1 50
751 — Robert d'Anjou. Gros................ TB.   3  »
752 — Louis d'Aragon. Carlin.............. TB.   8  »
753 — Martin d'Aragon. Carlin ..... ....... TB.   3  »
754 — Jean d'Aragon. Carlin.............. TB.   3  »
755 — Alfonse I d'Aragon. Gros............ TB.   4  »
756 — Ferdinand I d'Aragon. Gros.......... TB.   12  »
757 — Frédéric III. Carlin au livre enflammé.. TB.   8  »
758 — Louis XII de France. Carlin......... TB.   40  »
759 — Ferdinand le Catholique. Carlin au saint Michel. 2 var..................... TB. à 4  »

760 — Charles-Quint. Pièce de 4 tari, 1556... TB.  8  »
761 —        —        Due grana et grano. 2 p... B. à 1  »
762 — Philippe II. Ducat, 1582. Or......... TB.  20  »
763 —        —        Teston, s. d.............. TB.  4  »
764 —        —        Demi-carlin, s. d......... TB.  3  »
765 —        —        Cinquina à la Toison d'or.. TB.  2  »
766 — Philippe IV. Denier au brasier, 1626... TB.  1  »
767 — République. Cinquina. 1648............. B.  5  »
768 —        —        Même pièce très barbare... TB.  10  »
769 —        —        Pubblica, 1648............ B.  6  »
770 — Charles II d'Espagne. Cinquina, 1679 et 1680.
                                             B. à 1  »
771 — Charles II d'Espagne. Grano, 1670 et 1700.
                                             B. à 0 80
772 — Philippe V. 2 grana, 1708............ TB.  3  »
773 — Victor-Amédée de Savoie. Grano, 1717.. B.  1 50
774 — Charles III de Bourbon. Pièce de 6 ducats,
    1750. Or...................... TB.  35  »
775 — Charles III de Bourbon. Demi-écu à 60 grana,
    1753......................... FDC.  10  »
776 — Charles III de Bourbon. Pièce de 5 grana,
    1758......................... TB.  1  »
777 — Charles III de Bourbon. Cavalli 9, 1756. TB.  1  »
778 — Ferdinand IV de Bourbon. Triple écu au phé-
    nix, 1785...................... TB.  35  »
779 — Ferdinand IV de Bourbon. 20 grana, 1798.
                                             B.  1  »
780 — Ferdinand IV de Bourbon. 6 tornese, 1789,
    5 tornese 1797, etc................... B. à 0 50
781 — République. 12 carlins, 1799......... TB.  12  »
782 —        —        6 carlins, 1799.......... TB.  8  »
783 — Ferdinand II. 20 grana, 1842........ FDC.  1 50
784 —        —        5 grana, 1836......... TB.  0 75
785 —        —        10, 5, 2 tornesi........ TB. à 0 30
786 Sienne. Deniers variés................. B. à 0 50
787 — Henri II, roi de France. Gros, 1558..... B. 100  »
788 — Le même. Quattrin................. TB.  10  »
789 Sulmona. Charles VIII, roi de France. Cavallo. B.  3  »
790 Tassarolo. Augustin Spinola. 8e d'écu, s. d.. B.  6  »

791 Tortona. Double denier au nom de l'emp. Frédé-
    ric...................................... B.   2  »
792 Urbino. François-Marie I della Rovere. Gros au
    saint à cheval....................... B.   3  »
793 — Guidobald II della Rovere. Gros........ B.   1 50
794 —       —     Demi-gros au saint à cheval. B.   3  »
795 — François-Marie II della Rovere. Seizain.. B.   1  »
796 Venise. Gros ou matapans divers......... TB. à 1  »
797 — Fra. Dandolo. Piccolo................ B. à 0 50
798 — J. Dolfino. Piccolo.................. TB.   0 75
799 — Ant. Venier. Sequin d'or............. TB. 18  »
800 — Fr. Foscari. Double gros.............. B.   1 50
801 — J. Mocenigo. Marcella................ TB.   3  »
802 —       —     Double bagattino. Cuivre.. B.   1  »
803 — Aug. Barbarigo. Lire. Plusieurs variétés.. TB. à 2 50
804 — L. Loredano. Lire.................... TB.   3  »
805 —       —     Marcella................ B.   2  »
806 — P. Lando. Lire...................... TB.   3  »
807 — J. Priuli. Gros...... ............... TB.   1  »
808 —     —     Seizain.................... TB.   0 50
809 — P. Cicogna. Quart de Justine...... .... B.   3  »
810 — Fr. Molin. Scudo da 140............. TB. 10  »
811 — Al. II. Mocenigo. Lira (1706)......... TB.   4  »
812 — Al. III. Mocenigo. Pièce de 4 ducats. Or. TB. 50  »
813 — Le même. Sequin d'or.............. FDC. 15  »
814 — P. Grimani. Demi-ducat d'argent........ B.   3  »
815 — Al. IV. Mocenigo. Ducats d'argent, 1772 et
    1778. Pièces dorées............... TB. à 6  »
816 — P. Renier. Ducat d'argent, 1784..... FDC. 10  »
817 — Louis Manin. Sequin d'or............ TB. 18  »
818 —     —     Écu.................... B.   8  »
819 — Candie, Zante, Zara, Morée, etc. Monnaies
    variées en cuivre.................... B. à 1  »
820 — Napoléon I. Lira, 1811.............. TB.   2  »
821 —     —     Pièce de 10 soldi, 1811.... TB.   2 50
822 —     —     Pièce de 2 lire, 1812...... TB.   4  »
823 —     —     Pièce de 10 soldi, 1812...... B.   1 50
824 —     —     Pièce de 10 soldi, 1813.... TB.   2 50

www.ingramcontent.com/pod-product-compliance
Ingram Content Group UK Ltd.
Pitfield, Milton Keynes, MK11 3LW, UK
UKHW031734170726
13836UKWH00002B/651